떨림으로 머무는 곳

임길성 시집

떨림으로 머무는 곳

임길성 시집

떨림으로 머무는 곳

차례

시인의 말 9

I 털어내기 연습

단풍에 대하여 12
나이 들다 14
가을이 가고 있다 15
6월에 16
털어내기 연습 17
겨울, 잃어버린 장갑 18
시詩, 언어 교육학教育學 19
빨랫줄 20
회개悔改 21
눈(雪)에 대하여 22
한낮, 평창강에서 23
봄나물 24
봄, 부산하다 25
그리움, 바다에 묻다 26
겨울 바다에 서다 27
건망증 28
해안선의 꿈 29
강가에서 30

Ⅱ 바람이 봄 깨우다

세월이 지나도 사랑은 32
가마솥이 그립다 33
바람이 봄 깨우다 34
세월의 길목에서 35
사랑이 36
가면假面 37
가을 하늘 38
가을비 39
감나무에 감이 없다 40
칼의 노래 41
첫사랑 42
찾습니다 43
흔들리는 것은 44
혼자 잠이 들면 45
하루살이의 하루 46
포구에서 47
평사리에서 48
항일암에서 49

III 장작 타는 계절

햇살 퍼지면	52
황산에서	53
황포강가에서	54
겨우살이	56
겨울 햇볕은	57
지나간 날들에	58
겨울나무	59
겨울이 가고 있다	60
장마	61
장작長斫 타는 계절	62
정류장에서	63
작은 아이 들어오다	64
작은 생명	65
자유自由	66
자연自然에 비 오다	67
일상日常으로	68
일탈을 꿈꾸던 날에	69
우울증	70

IV 언어 희롱

일몰日沒 72
계절, 길 잃다 73
연어 돌아오다 74
에페소를 향하며 75
언제나 갇혀 있다 76
언어 희롱戱弄 77
아침 바다에 서다 78
아침 79
고향은 80
그리움 81
기다리는 시간 82
시장에서 83
숲 이야기 84
손가락 걸기 85
소리가 그립다 86
소나무 이야기 87
세월은 88
설화雪花 89

V 별이 보고 싶다

산에 눈 오다 92
길 잃다 93
봄이 스쳐가다 94
별이 보고 싶다 95
봄, 떠나보내다 96
반딧불이 찾아오다 97
비가 오려나 98
꽃, 아프다 99
꽃이 지면 100
목련이 피면 101
만추晚秋 102
늦둥이 103
낙엽 104
나무 껴안다 105

작품해설 106
- 삶의 기원 의식과 서정시학의 진실 / 김송배 시인

시인의 말

매일 꿈을 꾼다
멋있게 그리고 감동적으로 써보려고.

그러나 보고 들은 한계 때문에
붓은 가다가 멈추고 욕심만 가득
마음은 더욱 산만해지고
구멍 뚫린 머리로 바람만 오갈뿐, 꿈은
내 마음의 그림자인가

뉘우치고 반성해도
지금의 나는
내가 걸어 온 나의 모습인데
이제 가슴마저 뚫리면
손을 놓아야지

언제나 보듬어 주는 가족과
글을 읽고 쓰는 모든 이에게 머리 숙인다.

I 털어내기 연습

단풍에 대하여

떨어지는 것인가 밀어 내는 것일까

지기 직전이 가장 곱게
저녁노을에 불타오르는 단풍
눈 둘 곳 몰라
어지럼증이 도진다

깊은 골짜기
한갓지고 그윽한 오솔길 옆
계곡 따라 핀 나뭇잎의 변신
꽃으로 흐른다

청자빛 가을 열리면
강물에 반사된 영롱한 빛깔
눈부신 하늘로 날아오르는데
짧은 낮 시간 못내 아쉬어
햇살은 한 잎 한 잎 채색하며
숨 가쁘게 달려간다

한 눈 파는 사이 늦어버린 조바심에
나무 꼭대기 초록색 잎 하나
탈색을 예비하는지 가늘게 떨고 있다.

나이 들다

잠들기 전 기도로
새로이 맞는 아침
눈 뜨면 황홀하다
이렇게 살아 있음에,

지난 봄
목련꽃 낙하가 처연하더니
가을에 피는 꽃, 단풍이 곱다

꼭 잡으려는 것은 아니겠지
날리는 낙엽 따라
뒤뚱거리는 아이
너무 예쁘다

이때쯤이면 넉넉한 마음으로
노을이 지는
잔잔한 바다 걸어보고 싶다.

가을이 가고 있다

아침을 열면
어제 저녁 잠시 내린 비에
온갖 단풍 잎사귀
웅숭그린 채
오돌 오돌 떨고 있다

말간 눈망울 떨치지 못해
문도 닫지 못하는 사이
바람이 낙엽을 희롱 한다

둥지 잃은 잎새
자유로운 철새들의
군무를 닮으려는가
높이 솟구쳤다 지평선 끝자락
불타오르는 노을에 몸을 사른다

가을은 더욱 허허로운데
슬픈 낙엽의 속내 알길 없어
낙하가 두려운 단풍 하늘을 맴돈다.

6월에

철 이른 아카시아 꽃
어느새 피었다가는
벌써 하얗게 지고 있다

한 줄기 바람결에
떨어지려는 꽃에 매달려
어쩔 줄 모르는 벌 한 마리

꽃과의 이별의식인가
날개 짓에 순간순간
안쓰러움이 묻어난다

겅중겅중 뛰는 빗줄기에
진한 향마저 내준 꽃잎
속내 가득 숨겨둔 사랑 들킬까
바들바들 떨고 있다.

털어내기 연습

구석구석 여기저기
버리지 못한 것 잔뜩, 누가 볼까 부끄럽다

스치고 지나가면 모른 척 그냥 두어야 했는데
꼬리에 꼬리를 물고 끈질기게 따라 붙는 것 알면서도
그 끝에 매달려온 희미한 자국은 왜 기억하지

나름에는 비우면 없어질 것 같아
털어내도 무엇인가 꼭 남아 있는 흔적
엉킨 실타래 같은 잡동사니

묻어 들어 온 것인지 어떤지 당최 모르는
작은 먼지, 알갱이들에 엉겨
밤새 늪을 헤매다가
머리만 잔뜩 무거운 채 뒤죽박죽, 참 어렵다

부스스한 몰골로 눈을 뜬 새벽, 고개 주억거리며
쓰레기만 한 아름 버리고 왔다.

겨울, 잃어버린 장갑

한 짝이면 안 되는 것일까
아 그렇지 으레 두 짝이었으니까
그런데 왜 한 짝을 잃어버렸지

장갑을 끼지 않은 빨개진 손
눈빛은 당신이 녹여달라고, 그때부터 우리는
한 손에만 끼고 다른 손 꼭 잡고 걸었지
그날은 아마 북촌 길이었을 거야
바라만 보아도 따뜻해지던 날들

오늘 문득 그 손이 떠오른다
말갛게 바라보던 해맑은 눈동자까지
그 때 전달되던 그 전율, 그리움

흔적으로라도 남아 있기를
살그머니 잡았던 손 펴자, 아직도
작은 따스함이 수줍게 웃는다.

시詩, 언어 교육학教育學

무슨 말인지 모를 말 옹알거리다가
입이 터졌다, 튀어 나온 첫 말 "엄 마"
뱉어 놓은 말에 아이 흠칫 놀란다
이내 어~ 엄마 엄 마 엄 마⋯⋯
같은 말 폭포수처럼 쏟아낸다

아, 누가 가르쳐 주었지
두 손만 벌린 채 말 잃은 환한 엄마 모습, 아이 속에
숨는다

엉기고 설키며 여기 저기 흩어진 말
입 안 가득 모아 짜깁기 하다가
불럭 쌓기 하듯 꿰맞추어 오물거린다
그러다 혼자 웃으며 손뼉 친다, 아주 신난 표정으로

꾸밈없는 자연 닮은 어린아이는
자신만의 소리로 글 엮으며
그렇게 쑥쑥 커간다.

빨랫줄

바람과 햇살이 교차하는
마당 가로 지른 줄, 가벼운 날이 없다

모처럼 빗소리에 덩그러니
빈 마음 달래려 우쭐거리다가
설렁설렁 흔들어 대며
대롱대롱 매달린 빗방울만 희롱한다

엉기고 설긴 마음 깨끗이 풀어
말려두고 싶은 해받이 하기 좋은 시간
누가 내 곁에 머물다 갈 것인가

요령 없이 널려 있어도
구겨진 허리 펴고 하늘 한번 볼까
오늘도 거꾸로 매달린 채
꼬깃꼬깃해진 나를 말린다.

회개悔改

타성에 젖어
야금야금 허물어진 줄 모르고
방향 잡고 떠났던 길을 잃었다
일상보다 크게 벗어나지도 않았는데
뭐 어떠랴 하면서

허물 많은 삶의 길 어디 쉬운가
바꾸고 바꾸며 추스르고 추스르며 사는 것을

삶의 나침반
아예 보려 하지도 않았지
아니 보는 법을 잊었다고 변명하다가
가던 길 찾으려 허둥지둥, 방향
조금만 틀면 되는 것을

손짓으로 빛으로 소리로 이끄는
그 길로 방향을 잡으면 길이 보인다

부끄러움을 알게 될 때까지.

눈(雪)에 대하여

누가 오셨는가

까만 밤
순백으로 치장하고
아무도 모르게
환한 미소로 오신 당신

오랜 시간
끈질긴 구애의 몸짓으로
살을 섞어 핀 하얀 꽃

고운 님 반기려
성기고 가는 눈발로
바람이 쓰레질하듯
한 조각 남은 낙엽마저 날리려든다

다하지 못한 아쉬움에
고별식 하는 가을이
짓궂은 바람과 어울려
살풀이춤을 춘다.

한낮, 평창강에서

무너진 섶다리 너머 끊어진 줄 끝
흔들리는 한가로운 배, 여기
어디쯤인가

강 끝자락 얕은 여울엔
밝은 햇살 따라
승천하려던 물고기
화석으로 박혀 있고

꼬불꼬불 물길 따라
줄지어 내달리는 송사리 떼
물빛 닮은 하늘 향해
연습비행인가
하늘로 솟아오르려는 듯
비늘 번쩍이며 내달린다

해는 기우는데
강 건너 줄 사공
언제쯤이나 올까.

봄나물

봄 향 가득 품은
달래 냉이 봄동 두릅 미나리
힘겹게 땅 들치고 솟아
겨우내 굽으러진 삶이 허리를 편다

지난겨울 속살 찌운 자랑으로
나물들 수다 왁자하면
돌아 온 입맛에, 봄
입안에서 녹고

맛깔스럽게 무쳐
한 상 차려지면
집 안 가득 오묘한 맛

흐드러지게 핀 꽃내음에
잃어버린 맛 버무려
봄을 먹는다.

봄, 부산하다

봄 들머리
산 가득 나무 몸 터는 울림
계곡 얼음장 아래
물소리 귀엽다

들녘엔 삐죽삐죽 흙 들치는 소리
옹알이도 끝나 가는데
혀 짧은 소리, 아직은 응석인가

내 안에 가꾸던 봄
성급하게 앞서려 하고
언제 마음 놓고 활짝 표현할 수 있을까

봄 세포들 기지개 켜고
숨 쉬는 것들의 조용한 반란
가슴에 잔설이 녹아내린다.

그리움, 바다에 묻다

내 몸에 물들어 버린 쪽빛 물결
끝없이 이어진 모래밭 끝자락에
묻어 둔 추억 쓸어가도
당신 향한 내 사랑
허물 벗은 파도는 포말로 흩어진다

멀어져 가는 그대
두 팔 벌려 가슴 가득 보듬어도
잊지 못한 당신 생각에
수많은 시간 함께한 바다는
밤새 멍이 들도록 아픈 가슴 때린다

캄캄한 밤 쏟아지는 별들
수평선 끝에 머물면
못다한 안타까움에 당신은
가슴 저미는 그리움으로
나와 하늘을 만난다.

겨울 바다에 서다

흔들릴 때면 위로가 되던 바다, 바람이 분다

바람이 일면 하늘과 맞닿은 물결사이
듬성듬성 하얗게 일어선 파도 어깨동무하고
햇볕 가득 머금은 채 달려들면
피할 틈도 없이 다 끌어안고 포말로 부서져 내린다
바다 손길이 스쳐 간 고운 백사장
눈이 부시다 못해 순간,
모두가 하얀 장님이 된다

속 깊은 바다울음 얼마나 알까

먼 바다 이야기 흔적에 발 디딜 틈도 없이
모래밭 훑고 가는 바람소리
갈매기 날개를 편 채
자맥질하듯 휩쓸려 사라졌다가
일렁이는 물결 그대로 너울거리며
가볍게 파도 너머 둥실 떠 우쭐우쭐,
연신 고갯짓 한다

허우적거릴수록 힘겨운 삶의 무게를 터득한 것일까.

건망증

천둥소리에 못된 꿈이
잠을 하얗게 뺏어간 날
세상이 얼마나 험하기에
속울음 참고 참다 갈 데까지 가버려
붙들고 말릴 틈도 없이 쏟아내는가

놀란 대지 부풀어 오른 배 감당치 못해
울컥울컥 토해내면 매일 걷던 곧은길, 에움길
온통 하나의 물길이 되고
길은 없어져 일시에 모든 것이
사공 없는 빈 배로 표류한다

그 작은 옛길 그리워도 이젠 어쩔 수 없다
가려운 곳 긁다 만 것처럼
이 비 그치면 잊혀질 걸
밤톨만한 여백도 가지지 못한 사람들은, 점점
어제 일조차 까마득히 잊어가고 있다.

해안선의 꿈

밤새 가슴 저미는 열에 들떠
수없이 많은 경계선 넘나들며
숨바꼭질하기 얼마였던가

숨 죽여 우는 자리다툼 소리
어제와는 또 다른 모습으로 바다가 운다

물에 쓸려가고 바람 끝에 남은 자리
아픈 해조음 울음
산산이 부서진 포말로
아픔 참고 물 나비로 날아간다

굽이굽이 굽어져
기지개 한번 켜보고 싶었던 해안선
저 먼 벼랑 끝 엷은 어둠에 묻혀
길다랗게 눕는다.

강가에서

깊은 산이 누워
햇살이 구름 타고
온갖 수채화를 그린다

졸음에 겨운 강가에는
비오리 자맥질로
새끼 거느리며
삶을 가르치기에
분주하다

쪼르르 쪼르르
뒤꽁무니 따르는 소리조차
고요한데, 강은
깊은 속울음 울면서도
살아 숨 쉬고 있다.

II 바람이 봄 깨우다

세월이 지나도 사랑은

당신이 너무 예뻐서
가슴 설레게 했는데
시간이 흘러도
아직 마음 떨린다

그 얼굴에 남아 있나
내 가슴속 흔적인가
숙성된 포도주 향 같다

마주 대하면
흐른 시간은
아무리 떠내어도
항상 그만큼쯤 고이는 샘물이다.

가마솥이 그립다

느지막한 아침 식탁 마주 앉아
조촐한 식단
-누룽지 한 사발, 김치 한 보시기, 깻잎 장아찌-
입맛 도는 소박한 식사를 한다

구수한 숭늉
아내 손맛에, 문득
가마솥 누룽지 북북 긁어 주시던
그 옛날 어머니 손길이 그립다

가득 뜬 밥숟갈 위
깻잎 한 장 얹어온다
오늘따라
곰삭은 정에 울컥해져
사랑을 속울음에 말아 먹는다

눈길 가득 정이 묻어나면
꽁꽁 언 겨울 아침
가슴에서 녹는다.

바람이 봄 깨우다

이렇게 단단히 껴입고
겨울의 혼탁한 거리로 나서자, 오늘도
방향 가늠할 수 없는 바람이 분다

버스 창유리 사이
차창 밖 따사한 햇살이
살그머니 들어 와 온 몸 휘저으면
스르르 눈이 감긴다

문득 오슬오슬 몸이 차갑다
어느새 옷과 살 틈으로
초점 잃은 햇볕 사라지고
추위가 비집고 들어앉았다

잠시 한눈파는 순간
벌어진 틈 노려 파고드는, 그 바람이
일깨우는 계절.

세월의 길목에서

저 작은 나무가 언제 그늘을 만들어 줄까
어느새 너무 커버려
떨어져 뒹구는 낙엽 서글프다

한때는
왜 그리 더디냐고 투정만 부렸다
조바심하며 앞서가던 마음에
이젠 속절없이 끌려가고 있다

친구 얼굴에 비친 잔주름
문득 밀려오는 외로움
숨어 있던 시간의 끝자락
저만치 앞서
줄달음 질 친다

좀 전에 한 일조차 까맣게 잊으면서도
자꾸 어른이 되어가는 것이
꼭 세월 탓이겠는가.

사랑이

책갈피 속에 숨어
펼 때마다
글자는 사라지고
그곳에 있다

눈 감으면
지워져 버릴까
눈망울조차 깜박일 수 없다

오늘도 같은 길로만 간다
언제나 마주치던 곳
만날 수 없을까 마음 조이며
그 길을 간다

골목길 돌아
그대 환한 모습 가까워지면
온몸은 화끈거리고
나는 작아진다.

가면假面

거짓과 진실의
혼돈 속 헤매다가
진짜 얼굴을 잃었다

오늘도 어딘가에 숨어 버린
나를 찾아
부나비로 떠돈다

여기저기 흩어져
어떤 것으로 바꿔야 할지
복잡한 삶만큼이나 변수도 많아
언제나 조바심이다

잘 맞는 것 고른 즐거움도 잠시
살아 숨 쉬는 한 어느 것도 버릴 수 없는
서투름에 금세 절망한다

한 막짜리 인생무도회가 끝나고
모든 것 내려놓는 날
내 가면은 어디에 있을까.

가을 하늘

눈이 시리다 못해
눈물 나는 푸르름이여

이유도 없이
펑펑 울고 싶은 마음
나도 모른다, 청명한 날

아무리 멀어도
아주 가까운 듯한 하늘
맑은 바람으로
쪽빛 바다에 물들었나

허허로운 가슴 쥐어짜며
지독한 그리움에 젖은
별들의 속삭임
이 넓은 공간 외로움 가득하다

밝은 햇살 앞세워
그 파란 하늘을 걷는다.

가을비

창 두드리는 나뭇잎 소리
새벽 잠결에 누가 오셨는가
옷깃 여민다

여름 타던 아내
촉촉이 젖어 보이는
말간 얼굴 눈가 잔주름에
가을이 묻어난다

서늘해진 바람 막으려
슬그머니 가슴 가득 보듬으면
빗줄기 샘내는 듯
바람소리 흉내 낸다

그악스럽게 울던 매미 어디 갔나
아직은 서툰 귀뚜라미 울음에
푸른 나뭇잎 사이
탈색한 여름, 비에 울고 있다.

감나무에 감이 없다

가을빛 고운
가득한 나무사이
숨죽여 흐느끼는 소리

알싸한 풀내음 섞여
하늘빛 밀려드는 산허리
단풍 뽐내는 숲에
유독 나무 한 그루 어깨만 처져 있다

모진 빗줄기에
떨어져버린 어린 꽃잎
그나마 근근이 달려있던 열매 몇 개
심술궂은 바람에 잃은 채
불임의 오랜 시간
몸마저 숯덩이로 변했다

해거리 하는 것인가
쉼 없이 마음 비우기를 되풀이 한다
내년을 기약하며
그래도 감나무에는 단풍이 든다.

칼의 노래

몸 내주어 무뎌져
벼리어 날 세우고
쓸 수 없을 만큼 쓰이다가
주어진 생명 끝나도
또 다른 역할, 나의 끝은 어디인가

날카로움과 무딤의 조화
뜨거운 불길 속
한바탕 춤으로 치유하며
몇 번이고 환생한다

아무리 부드럽게 선線을 그은들
칼잡이의 연출은
가늠할 수가 없다

오늘도
비어지고 잘린 것들의 영혼이
너를 위해 노래 부른다.

첫사랑

물빛만큼 깨끗하고 맑은 미소
불빛처럼 환하고 밝은 웃음
책갈피 속에 숨어 있다

펼칠 때마다
글자는 사라지고 떠오르는 얼굴
눈 뜨면 보이는 곳마다
감으면 내 안 가득하다

만나던 곳 그 자리
헤어져 돌아서면 아쉬움
손으로 문질러도 그리움만 베어 나와
아직도 그 흔적 또렷이 남아 있다

얼굴 붉어져 머리 흔들어도
가슴에는 애틋함만 더해 가고
꽃망울 터지는 소리
새 싹 움트는 숨결
연약한 몸짓에 그리움이 쌓여 간다.

찾습니다

잃어버린 강아지 찾는 전단 한 장
길 가던 할머니 발 멈추고
물끄러미 바라본다

부러움 가득 담긴 눈물 그렁한 눈 속에
아들 그림자가 언듯 스친다
누구의 물음에도 고개 젓는 말 못할 응어리
그리움으로 켜켜이 쌓이고
옆구리 끼고 있는 때에 절은 보퉁이가
아프게 한다

버려진 것임을 모른 채
어느 낯선 곳 그 자리에
좋은 기억으로
주인만 그리며 맴돌고 있을 강아지

뒤 돌아 보고 또 돌아보며
힘에 부치게 걸어가는 그 어른
설마 길 잃은 것 아닐 텐데
누굴 찾고 있나.

흔들리는 것은

숲이 흔들리는 바람소리에
나뭇잎 날리고
가을이 달음박질하면
새들이 낙엽을 물고 간다

짠한 햇살에
어느새 주위는 수채화로 채색된
현란한 나무숲이 되었다

떨어져 방황하는 단풍잎들
밤새 불 지펴 연기 피웠나
코끝이 찡하게 가을이 익는 내음
눈물이 맵다

다 털고 비워 낸 앙상한 나무
바람 한 점 없이도 흔들리듯
나는 나무를 닮아가고 싶다.

혼자 잠이 들면

밤새 땅 구르는 소리에
뒤척이다가
선잠 속 당신과 만나
깊은 잠 속 빠졌는가

뒷산 숲도 온통
어지럽게 흔들리며
이상한 소리 내어
몸을 비튼다

코 끝을 간질이는
어제와 다른 바람
한조각 남은 낙엽마저 날리면
오늘도 외로움에 젖는다

아침은 고양이 걸음으로
창에 부서지고
나무 흔들어 잠 깨우면
풀들은 눕는다.

하루살이의 하루

거꾸로 돌릴 수도
쉼표 한 번 찍을 틈도 없는데
사는 것이 얼마냐가 문제는 아니다

하루밖에 모르는 미물에게도
삶은 길고 고단한 여정이다

하루살이는 우화羽化하여
아래위로 춤추며 암컷 유혹하여
혼인 비행 끝에 알 낳고
한 평생을 마감한다

-그토록 바라던 완벽한 일생이다

아쉬운 지금이 스치듯 지나고
알지 못하는 내일
부활을 꿈꾸는가.

*우화羽化 : 곤충의 번데기가 변태하여 성충이 되는 일

포구에서

어제 밤 달빛에 젖은 포구
어디로 갔나

안개 자욱한 새벽
살랑이는 물결 소리
모래 기슭 간질이면
해무에 잠긴 바다
파릇한 섬으로 피어 오른다

파도는 몽돌 밭으로
포말은 모래사장에 몸을 숨겨도
나그네는 이상향의 풍경에
눈 멀미로 발길을 뗄 수 없다

먼 바다길 돌아 온 고깃배
밤새 털어내지 못한 이야기
출렁이는 물결 따라
한 자락씩 쏟아내고 있다.

평사리에서

지리산 감돌아 흐르는
섬진강 줄기 따라 드넓게 펼쳐진 벌판
인고의 세월을 온 몸으로 다 받으며
한을 품어 내뿜었나
때 아닌 안개가 낮게 드리운다

문패인가
영팔이 판술네 김이평 두만네가
아스팔트길과 함께 낯설다

문득 어느 집에선가
옛모습 그대로 나타날 것 같은 사람들
집들 사이 골목 모퉁이에서
두런거리는 말소리 환청으로 들린다

숱한 사연 묵묵히 지켜낸
동구 밖 느티나무가 나를 부른다.

항일암에서

암자는 바다 위에 떠있는가
돌산 위에 앉았는가

삶의 무게 지고 힘겹게
숨 고르며 오르는 길
무거운 발길 지친 허리 펴면
천년의 자비를 담은 부처
미소에 사랑 가득하다

숨이 차고 힘들어도
당신 자비에 힘겨운 줄 모르고
덜어 낸 무게 보다 더 많은
사랑 받고 내려오는 길
마음은 부처가 된다

오르고 내리며
당신 공덕 기리오니
중생의 뜻 헤아리소서.

Ⅲ 장작 타는 계절

햇살 퍼지면

어둠 비집고
아침을 열며
톡톡톡 창 두드리는 햇볕

게으른 잠결에 눈 뜨면
밤새 갈무리 해두었던
맑은 미소로 답한다

온종일 구석구석 헤집으며
손때 가득 묻혀놓고
놀다 지쳐
하루를 다하고 숨어버리는 개구쟁이

그 곱고 밝은 빛으로
어디라도 골고루 살펴주는
당신이고 싶다.

황산에서

산허리 휘감아 흐르는
구름비 따라 정상에 서니
운무는 흩어질듯 발아래 머물고
어디가 끝인지 모를
탁 트인 시야로
햇살은 눈부시게 빛나고
보이는 곳마다 절경이다
구름비 사이로 언뜻언뜻
내려다보이는 깊은 계곡
끝을 모르겠다
어젯밤 내린 비로
티끌조차 씻겨져 나가
형언 할 수 없는 아름다운 풍광 속에
내가 어디 있는가
꿈을 꾸는 듯하다
저 멀리 쏟아져 내리는
한 줄기 폭포수가
시원한 물줄기를 흩날린다.

황포강가에서

160km를 도도히 흐르는 물줄기는
강인가 바다였던가

광활한 벌판을 흐르던
황포강의 예스러움은 어디로 갔는가

강을 먹고 살던 어부는 보이지 않고
분주히 오가는 선박들로
밤낮으로 강은 몸살을 앓고 있다

높이 솟은 고층건물만큼
발원지인 호소*를 그리워 하며
강은 탁하게 가쁜 숨을 몰아쉰다

황포 양변에
빼곡히 솟은 마천루와
밤에 빛을 내는 야경은
먼 옛날의 자연을 꿈꾸는가

땅은 보이지 않고 숫한 발길들만
서로 얽혀 분주하다

지평선도 사라지고
자연을 먹고사는 문명만이 숨쉬고 있다

황포가 있어 포동이 살찌고 있다.

*호소 : 황포강의 발원지

겨우살이

허허로운 겨울 하늘
산바람에 곡예 하며 그 높은 곳에 더부살이 했던가
-꼭대기 가지 끝에서 어렵게 채취해
일 년 내내 바람에 말려 잘게 손질해 둔 작은 나무-

그렇게 주의를 기울였는데 순간, 방심
설핏 바람에 고뿔이 들어 그 나무로
이 겨울 따뜻한 차 한 잔 끓인다

찻물이 실핏줄을 타고 흘러도
가늠할 수 없는 매서운 추위 이겨낼
마음속 움켜쥐고 갈 따뜻함은
어디 한 움큼이나 될까

겨울은 오늘도 참나무 끝에서 울고 있는데.

겨울 햇볕은

한 겨울 아직도 먼데
햇살은 왜 이리 차가울까
바람 사이로 빛이 흐른다

찬비 내려 얼어붙은 대지
아주 미세한 모공까지도 활짝 열어
해바라기 하려는데
빛은 계면쩍게도 오는 둥 마는 둥
슬그머니 멈추었다

어둠마저도 하얗게 질린 공간
깨끗하게 씻은 별들만이 촘촘히 와 박힌다
그래도 춥다

이맘때 햇볕은 반가운 손님이다.

지나간 날들에

자연스럽게
날리는 단풍 그대로가 좋다

이리저리 뒹굴다 지쳐
우르르 몰려 푹푹 쌓이면
낙엽에 묻힌 낙엽들 아우성이다

나무와 헤어지는 날
바람에 실려 떠나려던 여행길
마지막 이별조차 힘들게
철없는 가을비 질척이고 있다

어떻게 여기까지 왔을까
바스라진 단풍잎 눈 감으며
먼 산 고향 꿈에 젖는다.

겨울나무

남김없이 훌훌 털고
썰물로 빠져 나간 자리
난 하나도 슬프지 않다

어디에 있었던가
이제야 비로소 잊혀졌던 그리움이
물밀듯이 빈곳으로 스며든다

떠 밀은 것이 아니라
나 위해 스스로 떠나갔으니
찬바람이 분들 사소한 것에까지
조바심 않아도 좋다

눈이라도 내리면 지우지 못한
내 언저리 흔적들
살포시 보듬고
깊은 사랑에 빠지리라.

겨울이 가고 있다

한 줄기 바람이 일면
머물 곳 잃어버린 눈(雪)
물이 되지 못한 채 흩날리다가
산등성이로 몰려간다

이리저리 뒹굴다가
앙상한 나무 숲 사이로 잦아들면
낙엽 속에 동면하던 봄 기지개 켜고
겨울은
한 꺼풀씩 허물 벗어
하늘 빛 닮은 속살 드러낸다

두껍게 언 겨울 깨며
물 흐르는 소리
얼음에 그림 그리듯
살아 숨 쉬는 실핏줄 보이면
이 계절이 끝나고 있다

떠나고 난 그 자리
머무른 시간만큼
진한 그리움만 남는다.

장마

계곡을 울리는 음우陰雨에
돌 구르는 소리
진격하는 군대모양
물길을 잃고 서서 온다

패잔병처럼 누워있던 잘린 나무들
어깨동무 하고
숨어 있던 돌 병정들 앞세워
의기양양 몰려 간다

천둥 벼락 무기 삼아 폭우 뿌리고
물은 산을 할퀴어
산짐승 뛰놀던 오솔길
흔적조차 없어진다

굵은 빗줄기 산안개
자욱한 포연으로
산은 보이지 않고
물이 산 된다.

장작長斫 타는 계절

어스름 저녁
바람이 쓸고 간 자리
외로움이 쌓이면
벽난로 가득 불을 지핀다

한 덩이 두 덩이 모아
뒤곁 빼곡히 쌓인 통나무
자르고 쪼갠 한 토막
스스로 타지 못해 사른다

열에 못 이겨
나무 터지는 소리
옹이 타는 내음
몸에 스멀스멀 스며들어
나를 태운다

타고 남은 불꽃 자지러들면
한 줌 재마저도 남기지 않은
한 줄기 가느다란 연기로
자유로운 영혼이고 싶다.

정류장에서

거리는 비가 흐르고
시간은 쏜살같이 달린다

버스는 오고 가도
헤어져야 할 연인은
떨어짐이 못내 아쉬워
어쩔 줄 모른다

희뿌연 창을 연신 닦으며
손 흔들고 안타까운 눈빛 날려도
떠나는 차 뒤꽁무니에
빗줄기만 그악스럽게 울고 있다

내일 다시 만나는 그 짧은 시간까지도
그리움에 겨워
아쉬움은
빗발 같은 추억으로 남는다

-떨어져 있어도 보고 싶은 마음으로
가득한 것이 사랑이었음을.

작은 아이 들어오다

건조한 공간, 살아 움직이는 바람은
어디서 오는 걸까

문틈사이 꼬물거리는 움직임
파장으로 음표를 그리면
쌔근거리는 숨소리
진한 생동감에 전율한다

언제 들어 왔는지도 모르는 작은 그림자
마주친 눈빛에 웃음 흘리면
그 미소에 홀려 와락 껴안아 준 아이
까칠한 턱수염 매만지는 손가락 사이로
간지러움이 새나간다

그렇게 한 번 안겨주곤
훌쩍 빠져 달아나도
적막했던 서재 생기 가득 넘쳐
책장 넘기는 손에 힘이 솟는다.

작은 생명

어디서 날아왔나

19층 베란다 창살 틈
흙 한 줌 없는 그 좁은 구석
날리는 흙먼지에 실려와
삐죽이 내민 새싹 하나

터 잡아
잎이 나고 단풍 들어
제법 구실하는 바람에
애처러워 떨구지 못했다

무심히 지나쳐버린 겨우내
혹독한 찬바람에도
이 봄 뿌리내려
둥지 틀었다

이제는
아침마다 몸 흔들고 소리치며
나도 나무다라고 자신을 일깨운다

어쩔 수 없이
정에 흠뻑 빠졌다.

자유自由

손 뻗치고
발 구르며
목청껏 소리 지를 일이 아니다
목에 걸려 나오지 못하는 그 소리
끄집어내지 못한 채
온 몸 버둥거릴수록 더욱 옥죄어 온다
정제된 침묵으로
내 안에 또 다른 내가
가득 쌓인 분노마저 끊어야
훨훨 날 수가 있는가
끝없는 초원 우거진 숲 그리워
둘러쳐진 쇠창살 잊고
사자는 달리다가
원숭이 나무 타다가 목숨 잃었다

그들 눈동자엔 파란 하늘이 비스듬히 걸려 있었다.

자연自然에 비 오다

언젠가는 이 비에 모든 것을 잃게 되지나 않을까
연일 질척대다 잠시 멈추는 듯
아직 다하지 못한 아쉬움에
먹구름이 몰려다닌다

가다가 산에 걸려 머물면
흰 구름으로 산허리 감아 돌면
하늘로 솟아오르고
산은 말끔하게 옷을 갈아입는다

깎아 놓은 산등성이 몸살 앓다가
빗줄기에 혼절하여 제 몸 추스르지 못하고
잃어버린 모습 가슴에 안고 자연이 운다

있던 모습 그대로여야
촉촉이 젖어들 수 있을텐데
한 번 응어리진 마음
비가 그쳐도 풀어낼 길 없다

치유되지 않은 채 비가 또 온다.

일상日常으로

낯선 길 가다가 두려워 지면
돌아가고 싶다

매일 보던 단풍나무 고운 빛
낙엽 되어 흩날려도 예뻤는데
언제부터인가
떨어지는 잎 하나에
마음도 내려 앉는다

발가벗고 남은 앙상한 가지
눈에 설고
성기고 가늘게 내리는 눈발
마음만 허허롭다

계절이 바뀌면
반복되는 아픔이
언제나 처음인 듯 생경스러워
눈에 익숙했던 그 자리로
찾아가고 싶다.

일탈을 꿈꾸던 날에

곰이 우리에서 탈출했다
제가 살던 곳이 그리워서일까
세간의 관심은 끌려고 그랬을까

제자리로 되돌아오기까지
한동안 시끌벅적하다가
싱겁게 막은 내렸지만
언제 그랬냐는 듯 달라진 것이 없다

술 한 잔 얼큰해지면 사는 것이 팍팍하다고
입버릇처럼 떠나고 싶다던 친구가
다음날 길을 나선 후
말이 씨가 되었나, 영영 돌아오지 않는다
아는 이 몇이 잠시 상심했지만
일상은 변함이 없다

일탈은 짧은 꿈으로만 끝나는 것인가.

우울증

가느다란 바람이
웅숭그리고 서 있는 가로수 길
사람이 미이라 얼굴로 지나간다

언제부터인가
힐끔힐끔 주위 살피며
옷깃 한 번 풀어헤치지 못하고
자꾸 여미기만 한다

버거운데도
하나도 버리지 못한 것 불살라
한 줌 재로 날리지 못한 알갱이들
부유물로 유영한다

부글부글 속앓이 끝에
웃으려 해도
검게 탄 마음 얼굴 가득 배어온다

환한 대낮 어딜 보아도
우중충한 비가 내린다.

IV 언어 희롱

일몰日沒

수평선 끝자락
붉게 지쳐 누워 계신 당신
귀향하는 어부
낚시 줄에라도 매달려 오시지요

종일토록 힘겨운 몸짓
온갖 것 감싸 안아 다독이며
쉴 틈 없이 달려오다 기력을 다해
잔잔한 물결만 옹알거린다

헤어 나오지 못하는 모습 안타까워
손 내밀어 잡아 주려 해도
깊은 바다 속으로 숨어들 듯
편안하게 빠져듭니다

파도 타고 밀려오는
당신 마음, 포말로 모래밭에 잦아들면
바다는 어느새 칠흑으로
오늘의 꿈 접습니다.

계절, 길 잃다

구름이 비바람 몰고 숨바꼭질하면
해님마저도 소소한 것 다 내려놓고
놀이에 빠져든다

술래도 없는데
무엇이 바빴는지
숨는 일에만 허둥대다가
달아나지 못한 달 한 조각
덩그러니 남겨두고
슬그머니 계절만 바뀌었다

찾는 사람 없어
해 그림자 길다랗게 마냥 한가롭고, 계절은
술래 찾으러 길 떠나는데
언제쯤이나 상큼한 얼굴 볼 수 있을까

아직도 술래잡기는 끝날 줄 모른다.

연어 돌아오다

어린 날 그 넓은 세상으로 떠나
온갖 어려움 견디며
잉태를 위해 귀향하는
오늘을 꿈꾸었다

흐르는 물결에 맡기고
돌아오는 길 이토록 험한 줄 모르고
얼마나 그리웠기에
바다에서 강으로 다시 오른다

힘든 것 다 잊고 다칠세라
자리 보아 낳아 놓고
지친 몸 뉘어 한 생을 접는다

내 살던 곳 닮은
먼 하늘빛에 취해
낙엽 한 잎, 떠나는 길 동행한다.

에페소를 향하며

뜨고 지는 해는 몇 개인가

오래도록 머물고 싶지 않지만
잠시 쉬고 싶은 곳

몸통만 남은 편백나무 가로수
외로움에 울고
집 떠난 나그네
황혼에 몸을 떤다

타우루스 산맥 따라
끝없이 이어지는 올리브 나무 가득한 시골
시집 갈 처녀가 살고 있는 집
지붕 위 병 들은 언제 쯤 깨질까

어두움은 가슴 시리도록 차가웁고
하늘의 별들이 있다는 사실 잊고 살았는데
이토록 찬란한 밤하늘을
본 기억이 없다.

언제나 갇혀 있다

시장 귀퉁이에서 산
비닐봉지에 담긴 작은 물고기
어항에 풀어 넣자 화들짝 놀라
빠르게 날아다닌다

아무리 급히 내달리다가는
별 수 없음에
"아, 안 되는구나"
포기했음을 은닉하려
유유자적 한다

움직일수록 조여드는 덫 안에
언제나처럼 또 갇혔고
호흡이 거칠어 심장이 터질 것 같아
몸부림치다가 물 밖으로 튕겨져 나왔다 순간,
이제야 정말 탈출한 것인가

잠시 버둥거리던 물고기
멀뚱멀뚱 둘러보고는
여기도 아님을 알고는
아예 맥을 놓는다.

언어 희롱戱弄

글 한 줄 쓰려 머리 싸매고
실랑이 하다가
설핏 잠든 날

꿈속에서
사전 속 낱말 흩어 놓고
밤새 퍼즐놀이에
꿰맞추지도 못한 채
머리 속만 하얗게 바랬다

얼기설기 엮은 글
시들시들 생명력 잃어
헛된 꿈만 꾸는가

소중한 것 아끼지 못한 나는
오늘도 나쁜 놈이다.

아침 바다에 서다

땅에서 솟아 흐르는 것인가
하늘에서 내려 모이는 것일까

땅속 깊이 스며들어 샘을 이루고
넘쳐나면 하늘 올라 구름으로
끊임없이 돌고 도는 윤회
지나쳐도 미치지 못해도
대지는 앓는다

밤새 속삭이는 소리로 내리는 비
귀 기울여 듣다 설핏 잠이 들면
습기 가득한 짓눌림으로
가슴은 먹먹해도
바다는 깊어만 간다

험한 밤이었는데
여명에 매달려 온 아침
바다 이야기에 흠뻑 젖은
빈 배만 뒤뚱거린다.

아침

혼곤히 잠에 젖어
잠시 숨 고르다가
새들 날갯짓에 숲이 깨어나면
하늘은 이제야 기지개 켠다

나무 사이 작은 빛 하나
숨어드는 떨림에
풀벌레 울음으로 하루를 연다

여명은 어둠을 숨기고
미세한 바람까지도
하나로 느껴지는 신선함

촉촉이 젖은 이슬
풀잎에 굴러 내리면
아침은
소리 없는 여운으로 남는다.

고향은

가끔은
꿈에라도 다녀와야
아픔 잊는다

동구 밖 정자나무에 몸 부비고
흐르는 땀 훑고 지나가는
마을 바람
마음 가득 채우면
오늘도
없어진 싸리문 눈 속에 담고
먼 기억 끝을 잡아
여기 서 있다

언제나 아련한 그리움으로
힘겨운 일 내려놓으라고
기댈 어깨 내어준다.

그리움

언제나 안개다

비원 안 옥류정 옆 벤취, 빈자리
아직도 두 눈 가득
그림으로 떠오르는 모습

짧은 만남 아쉬워
헤어지는 순간
짠한 마음에
안타까움만 더 하던 시절

잊은 줄 알았지만
기억 한 모퉁이에 남아
가끔 떠오르면
가슴 아리다.

기다리는 시간

소리 없는 바람으로
뒹굴다가 바스라져도
어디 매어 둘 곳 없을까

언제나 그러하듯이
만나면 잠시 그때뿐인데도
보고픈 마음에
더디기만 하다

오는 길 저만큼 모퉁이
눈길 먼저가도
가까워 올수록 가슴 뛰는 조바심은
목마른 갈증이다

나에게 와 머물기 전
그 짜릿함 못 이겨
사뿐사뿐 다가가
그리움으로 남고 싶다.

시장에서

힘이 되고 편이 되어
모난 것 뾰족한 것 한 무리로 아우르는 곳
시장통 먹자골목
꾸역꾸역 밀려왔다가 스산해져도
항상 같은 곳 지키는 상인들
언제 올지도 모르는, 그러나 꼭 들르는 단골손님 위해
장사가 자유롭지 못하게 한다하며
쉬이 문 닫지 못하는 구속조차 즐겨한다
한뼘만한 노점이지만 언제나 웃는 손이 큰 여주인
정은 끝없이 묻어나고
이런 사연 저런 풍파 듣고 겪은 시간
세월 속에 다 녹여낸다
오늘도 취기 때문인가 출구가 헷갈려도
내일이면 그 길 따라 찾아온다
어둠마저 비껴가던 골목, 골목들
술래잡기하는 바람만 밤새 들락거린다.

숲 이야기

피하고 돌다가
가는 길 막혀
울부짖는 소리 누가 듣는가

나무는 나무들 끼리
잎은 잎들대로
오순도순 기대며
바람 길 여는데

끝없는 탐욕이
소통의 길 막아
이들을 불러 모았다
-토네이도, 쓰나미

가지 부러뜨리고
잎 떨어뜨리며
배려하는 숲의 삶은
자연을 이야기 한다.

손가락 걸기

두근거림은
멈출 역 가까워져
거친 숨 참지 못해 뿜어내던 기적소리다

단비 기다리는 나무들, 목마름으로
한 줄기 소나기에 젖는다

찔레 꽃 가뭄에
천둥소리 끝 무렵 오란 비 소리
뛰는 마음 멈출 줄 모른다

만남, 한 모금 달게 마신 약수물이다.

소리가 그립다

귀에 못이 박히도록 항상 같은 이야기
짜증도 통하지 않아 한 쪽 귀 듣고
다른 쪽 귀로 흘린 잔소리

먼 훗날
한 마디라도 남아 있기를 바랐던가
오랜 시간 후인데
그 말씀 내 안에 남아
나도 모르는 사이
소리로 누구인지를 안다

철없던 시절
그렇게 싫어했던 음성
쟁쟁하게 남았기에
귀청 떨어져도 애타도록 듣고 싶다

잠결에 들려오는 목소리
환청으로라도 그립다.

소나무 이야기

깨달음이란 비틀어지는 것이다 아니,
비틀어졌기에 깨달은 것일까

참으로 오랜 세월 지난 후 알았다
누구도 내 존재를 잘 알지 못하게
깊은 산중에 있어야 했는데
세상에 끌려 나왔다 내 뿌리째
곧고 바르게 자란 것 다 뽑혀가고
굽어진 부끄러움 애써 감추었지만
이제 사람들은 거기에 경탄한다

멋모르는 사람도 눈치껏 고개 주억거리며
더 비뚤어지고 굽어진 것들에 환호한다
그래야 뭔지 아는 사람대접 받기에
쓰임새 따라 잘려나가던 잘난 것들 얼마나 부러워 했던가
꼿꼿하게 자라지 못해 몸 둘 바 몰랐고
박수소리에 손사래 치다가 이젠 눈도 귀도 멀었다

곧고 늠름한 모습
그 산엔 지금 네가 없다.

세월은

모든 것 끌어안아
끊임없는 침잠으로
흐르는 물이다

앞만 보고 달리다가
뒤 돌아 볼 시간도 없이
훌쩍 이만큼 왔다

안쓰러움 가득 숨긴
백조의 우아한 자태
흩뜨리지 않으려는 발짓이다

그 자리인 듯 떠다니는
또 다른 빙하로 유영한다.

설화雪花

이 겨울, 나무
욕심도 많다

잎 떠난 가지마다
하얀 꽃 피운다

내리는 눈, 벌인 양
꽃 속 파고들다 흠칫 놀라
길 잃고 눌러 앉아
그대로 꽃이 된다

눈꽃에 또 꽃 피우다가
햇살 퍼지면
어느새
그 틈새 비집고 봄이 서 있다.

V 별이 보고 싶다

산에 눈 오다

하얗게 얼어버린 날
산가山家에 갇혀
차 한 잔으로
겨울을 데운다

김 서린 창窓 손으로 닦아
눈(眼)으로 발자귀 따라
건너편 능선을 오른다

오늘은 그치지 않아도 좋다
나무 타는 난로 위 물주전자 뚜껑
내 마음 읽었나
들썩들썩 춤을 춘다

펑펑 흩날리는 설무雪舞에
아무것도 보이지 않는데
눈 그치면 눈을 떠야지.

길 잃다

밤새도록
바다에 그림 그린다

내 살아 온 날
농도를 알 수 없는 깊이

물감 가득 묻혀
혼신의 힘 다해
온갖 채색으로 찍고 그려도
파도 한 점 없는데
흔적조차 없다

어디로 갔을까.

봄이 스쳐가다

아지랑이 일렁이면
허리 펴는 소나무 소리에
나뭇가지들 녹색 꿈에 흠뻑 젖는다

겨우내 찌들은 꺼풀 벗는 바위
제 살 드러낼 때쯤
변덕스러운 바람 꽃샘추위 꼬드겨
잠시 짬도 주지 않고
봄을 시샘한다

투명한 하늘 틈 사이 구름타고
유채꽃 노란빛 번져오면
마음은 달떠 발만 동동 구르다가
커피 한 잔 나눌 틈도 없이 사라진다

정녕 봄이 왔다는데.

별이 보고 싶다

잊고 살다가
머리 무겁고 가슴 답답하면
수없이 쪼개지는 영롱한 빛으로
쏟아져 내리던 별이 보고 싶다

가슴이 뜨겁도록
그리움이 내 안에 가득한 날
눈물 그렁한 눈에 반사되어
무지갯빛 꿈을 주던
그 안에 나도 녹아들고 싶다

별이 숨는 낮이면
찬란한 빛으로
청정한 바람 속 마음대로 노니다가
까만 밤, 하얗게 드러나는 백덕산
그 하늘이 그리웁다.

봄, 떠나보내다

향기로 찾아 온 계절 끝자락
흐르던 구름 산굽이 휘감아 숨 고르는 피아골
햇살 내리쬐는 양지녘엔
아직 봄이 숨어 있다

산수유 매화 벚꽃 어우러진
꽃눈개비 허공을 가르고
멀리 섬진강 봄 소리 한창인데
물길 따라 봄이 흘러간다

하르르 날리는 꽃잎
두 손 벌려 잡으려다가 우는 바람결에
짜르르 전해 오는 계곡, 묵언의 눈빛

골짜기 한켠 바싹 마른 단풍 몇 잎
안쓰러워 물에 띄어 보내고
고로쇠 한 잔에 봄볕 녹여 마셔도
아쉬움보다 부재가 못 견디게 한다.

반딧불이 찾아오다

숲은 그대로였는데
홀연히 자취 감추었어도
누구 하나 찾지 않았다

어디 갔다 왔을까

어느 날 한 마리 불빛 반짝이며
잃어버린 짝 찾아 나타나서야
까마득히 잊혔던 그 때
동심 흔들던 그를 기억해내곤
온통 법석을 떤다

사람 위한 불빛에 가끔 길 잃어도
아직은
사라져 가는 것에 대한 그리움으로
저 숲 끄트머리 어디쯤 꿈이 매달려 있다.

비가 오려나

한줄기 비바람에
흙내음 퍼지면
벌들이 바쁜 날개 짓으로
꽃 찾아 꿀 모은다

부산하게 붕붕거리는 소리
화들짝 놀란 꽃들
새로운 잉태 위해
벌을 향해 몸짓한다

후두둑
빗줄기에 놀라 다문 꽃잎
벌은 꽃술에 취해 꿈을 꾼다

갈지자로 비틀대던 봄바람
먹구름 안고 오면
메마른 땅이 숨을 고른다.

꽃, 아프다

떨어지는 아픔은 진행형일까

짧은 동안 피고 지며
힐끗 돌아보던 꽃
맑은 눈망울에 맺힌 눈물

지금은 아프지만
그래도 계절은 어김없이
꽃과의 만남 마련하잖니

꽃 진 자리 돋는 새순
어둠 짙을수록 향은 더하고
작은 몸짓 하나로도 설레다가
새벽 여는 소리에 잠 깬다

맑은 바람 목 길게 늘이고
빛 한 줄기 더 받으며
연녹색 꿈에 젖는다.

꽃이 지면

화사함 내려놓고
꽃비가 내린다

바람에 실린 진혼곡
한바탕 질펀하게
살풀이를 펼치면
꽃이 진 자리

선명한 연초록 새순들 노래에
또 다른 부활을 준비한다

아픔만이 아닌 그리움으로
꽃 피우는
꿈을 꾼다.

목련이 피면

그토록 봄을 기다리다 지쳤는가

아직 떠나지 못한 겨울 끝자락
매서운 꽃샘추위 비키지 못하고
잎보다 먼저 피려다 타버린 꽃망울

따스한 볕 그리운 조바심에
발가벗은 채 떨어지는 꽃잎
아쉬운 몸짓으로 눈을 가린다

겨우 피어 살아 숨 쉬는 꽃봉오리
여니 봄꽃 같지 않아
나무는 첫사랑 같은 몸살을 앓고
죽음보다 강한 희망으로
새싹 키우는 봄

아직도 봄은 그리움으로만 남는다.

만추晚秋

속절없는 세월에
앙상해 가는 모습 눈물겨워 망설인들
언제 다시 태어나 당신 품에 안길까

한껏 아름다울 때 떠나갈 것을
헤어지면 다시 못 만날 예감 그 아쉬움에
숱한 발 뿌리에 채이면서
바람에 흩날린다

온갖 풍상 다 겪고
울창한 숲으로 즐거움 주던 나무에
힘겹게 매달려 흔들리는
실낱같은 너의 꿈은 먼 후일을 기약한다

길게 뻗은 그림자 사이로
햇살은 자꾸 멀어져 가도
아직 난 불타는 뜨거움으로 남아
그 그늘 밑에 머물고 싶다.

늦둥이

나이 헤아리다가, 문득
느슨해진 마음 팽팽하게 긴장한다
더 자라 제 몫 할 때까지
내 시간만 붙들어 매어둘 수 있을까

좀 더 살아야 할 이유
잠시 잊고 있다가도
문득문득 아이 얼굴 떠오르면
긴장한 나를 다독이며
갈기를 세운다

아이는 오늘도 맑은 눈빛을 하고
아무렇지도 않은 듯
주위를 어슬렁거려도
항상 내 눈 안에 있다

내가 기쁘게 존재하는 까닭이다.

낙엽

새로운 생명을 꿈꾸는
잉태의 노래여

수줍게 태어나 도도한 푸르름
살아 온 만큼의 빛깔로
낙하하는 운명

헤어지기 서러워 뼈까지 저린 날
천도薦度 못 받은 원귀 갈 곳 없는지
툭 건드리면 무너져 버릴 듯
매달려 있는 질긴 목숨

서로에게 그리움 남아
사랑의 목마름으로 부르는 이름
너 속에서 불타던 여름이 사위어 가면
남아 있는 흔적마저 지우려
옷을 갈아 입는다

마지막 한 잎까지도
그렇게 허망한 아쉬움 남기며
잊혀져야만 하는가.

나무 껴안다

점봉산 계곡 흐르는 물 울음
새벽 이슬로
산 촉촉이 적시면
숲 한껏 기지개 켜
빛 마중한다

이 여름 따가운 한낮
나무 그늘에 땀 마르고
바람에 기대어
가만히 나무 끌어안으면
켜켜이 쌓인 더위 어디 가고
시려운 속삭임 들려온다

여름나무에 하얀 겨울이 숨어 있다.

작품해설

삶의 기원 의식과 서정시학의 진실
– 임길성 시집 『떨림으로 머무는 곳』

김 송 배
(시인 · 한국문인협회 부이사장)

1. '삶의 나침반'과 존재의 인식

현대시에서는 시적 서정성을 확인하거나 탐색하는 독자들의 요청이 있으며 이를 감응(感應)하고 이에 순응하는 시법(詩法)으로 창작하는 시인들의 다양한 시적 경향을 접할 수 있게 된다. 이러한 시적 상황과 서정적 주제에 심취하는 것은 요즘 유행처럼 번지는 주지시(主知詩)의 난해(難解)에 대한 반응으로써 좀 더 친근감 있는 언어와의 교감을 원하고 있기 때문일 것이다.

이처럼 난해시에 관한 담론은 많은 평론가나 시론가들이 언급하고 있지만, 대체로 그 해법에는 만족할만한 논담(論談)이 없는 것 같기도 하다. 그러나 1934년에 조선중앙일보에 연재했던 이상의 「오감도」는 독자들이 우선 당혹감을 느끼면서 거부감까지 갖게 하는 대표적인 난해시라고 할 수 있다.

　이러한 시의 난해성에 대해서 T.S. 엘리엇이 말하는 대로 시인이 애매한 방법으로 표현할 수밖에 없는 개인적인 시법(詩法-이러한 상황은 '낯설게 하기'라는 시적 구조장치의 일환으로 형성된 시법)과 더불어 독자들이 시가 어렵다는 막연한 선입관이라는 논담이 설득력을 제시하고 있다.

　임길성 시인의 첫 시집 원고를 읽으면서 이러한 기초적인 문제를 거론하는 것은 그의 시법에서 그가 구사하는 언어나 취택하는 소재 그리고 작품에 투영되는 주제가 바로 우리들과 공감할 수 있는 시적 상황을 설정함으로써 서정성을 정립하고 있음을 간과(看過)할 수 없기 때문이다.

　임길성 시인의 시적 정황(situation)의 전개는 보편적이면서도 상용(常用)할 수 있는 정서의 순환과 사유(思惟)의 정리라는 평범한 소재와 주제를 선용(選用)하는 특징은 바로 난해하지 않은 작품의 형태를 창작함으로써 그 시정신과 시적 지향점이 서정을 회복하고 있음을 알 수 있다.

　타성에 젖어
　야금야금 허물어진 줄 모르고
　방향 잡고 떠났던 길을 잃었다
　일상보다 크게 벗어나지도 않았는데
　뭐 어떠랴 하면서

허물 많은 삶의 길 어디 쉬운가
바꾸고 바꾸며 추스르고 추스르며 사는 것을

삶의 나침반
아예 보려 하지도 않았지
아니 보는 법을 잊었다고 변명하다가
가던 길 찾으려 허둥지둥, 방향
조금만 틀면 되는 것을

손짓으로 빛으로 소리로 이끄는
그 길로 방향을 잡으면 길이 보인다

부끄러움을 알게 될 때까지.

　　　　　　　　　－「회개悔改」 전문

　우선 이 작품에서 보는 바와 같이 임길성 시인은 '삶의 나침반'이라는 시적인 대전제를 적시(摘示)하고 '허물 많은 삶의 길 어디 쉬운가'라는 의문의 어조(語調-tone)로 삶의 문제에 대한 적절한 해법을 탐색하고 있다.
　그는 '손짓으로 빛으로 소리로 이끄는 / 그 길로 방향을 잡으면 길이 보인다'는 어조에서 이해할 수 있듯이 그의 타성으로 '허물어진 줄 모르고 / 방향 잡고 떠났던 길을 잃었다'가 다시 잊었던 나침반 보는 법이 보이기 시작했다는 인식의 근저(根底)를 구축하게 된다.

이러한 그의 인식은 '허우적거릴수록 힘겨운 삶의 무게를 터득한 것일까.(「겨울바다에 서다」 중에서)'라는 의문에서도 현현되고 있듯이 '부끄러움을 알게 될 때까지.' 그는 '삶의 무게 지고 힘겹게 / 숨 고르며 오르는 길 / 무거운 발길 지친 허리 펴면 / 천년의 자비를 담은 부처 / 미소에 사랑 가득하다(「향일암에서」 중에서)'는 해법을 제시하고 있다.

거꾸로 돌릴 수도
쉼표 한 번 찍을 틈도 없는데
사는 것이 얼마냐가 문제는 아니다

하루밖에 모르는 미물에게도
삶은 길고 고단한 여정이다

하루살이는 우화羽化하여
아래위로 춤추며 암컷 유혹하여
혼인 비행 끝에 알 낳고
한 평생을 마감한다

-그토록 바라던 완벽한 일생이다

아쉬운 지금이 스치듯 지나고
알지 못하는 내일
부활을 꿈꾸는가
　　　　　　　　　　　-「하루살이의 하루」 전문

이 작품에서는 '하루살이'라는 미물을 통해서 짧은 삶에 대한 의인화의 시법으로 은유적으로 처리한 그의 시적 진실이라고 할 수 있다. 그는 '사는 것이 얼마냐가 문제는 아니다'라는 어조로 삶에 관한 운(韻)을 띄운 후 하루 밖에 살지 못하는 '하루살이'에게 '삶은 길고 고단한 여정이다'라는 결론을 제시하고 있다.

그러나 그는 '그토록 바라던 완벽한 일생이다'라는 단정적인 어조로 자인(自認)하면서 '한 평생을 마감한다'는 미물의 상황에서 감지(感知)하는 인생(혹은 삶)은 우리들의 공감을 크게 유로(流路)하고 있어서 그가 응시(凝視)하거나 관조(觀照)하는 생존의 진실이 적나라(赤裸裸)하게 현시(顯示)되고 있다.

임길성 시인이 시적 상황으로 전개한 삶에 관한 시법은 '졸음에 겨운 강가에는 / 비오리 자맥질로 / 새끼 거느리며 / 삶을 가르치기에 / 분주하다(「강가에서」중에서)'거나 '가지 부러뜨리고 / 잎 떨어뜨리며 / 배려하는 숲의 삶은 / 자연을 이야기 한다.(「숲 이야기」중에서)' 또는 '여기저기 흩어져 / 어떤 것으로 바꿔야 할지 / 복잡한 삶만큼이나 변수도 많아 / 언제나 조바심이다'라는 외적 사물의 비유로 인간 문제와 융합(融合)하는 어조를 살펴볼 수 있다.

2. 기원의 의식과 간구(懇求)의 시법

임길성 시인은 이와 같은 삶의 궤적(軌跡)과 그 체험에서

재생된 상상력은 삶이라는 현실 생활(real life)속에서 연관성이 형성됨으로써 생(生)이나 존재의 인식과 동시에 성찰이나 기원으로 변환되는 그의 시법을 이해하게 된다.

  잊고 살다가
  머리 무겁고 가슴 답답하면
  수없이 쪼개지는 영롱한 빛으로
  쏟아져 내리던 별이 보고 싶다

  가슴이 뜨겁도록
  그리움이 내 안에 가득한 날
  눈물 그렁한 눈에 반사되어
  무지개 빛 꿈을 주던
  그 안에 나도 녹아들고 싶다

  별이 숨는 낮이면
  찬란한 빛으로
  청정한 바람 속 마음대로 노니다가
  까만 밤, 하얗게 드러나는 백덕산
  그 하늘이 그리웁다.
                                  -「별이 보고 싶다」전문

  그렇다. 그는 '…싶다'라는 보조형용사의 어법(語法)으로 작품 전체를 형성하여 임길성 시인이 여망(輿望)하거나 간구하려는 자신만의 기원으로 형상화하고 있는 것이다. 그의 작품에서 '수없이 쪼개지는 영롱한 빛으로 / 쏟아져 내리던 별이 보고 싶다'거나 '무지개빛 꿈을 주던 / 그 안에 나도 녹아들고 싶다'라는 '싶다'의 수사학(rhetoric)의 언어가 빈번하게 등장하는 것으로 유추해서 그는 어떤 소망이나 숙명적 과제의 해결을 위한 한 방편의 탐구인지도 모른다.

이 작품 '별이 보고 싶다'는 '잊고 살다가 / 머리 무겁고 가슴 답답'할 때마다 별을 보고 싶어 하는 서정적인 진솔한 시정(詩情)은 바로 임길성 시학에서 중요한 관점(觀點)으로써 그의 순박하고 순정적인 시적 진실을 이해하게 된다.

이러한 그의 기원은 '이때쯤이면 넉넉한 마음으로 / 노을이 지는 / 잔잔한 바다 걸어보고 싶다.('나이 들다」중에서)'거나 '다 털고 비워 낸 앙상한 나무 / 바람 한 점 없이도 흔들리듯 / 나는 나무를 닮아가고 싶다.('흔들리는 것은」중에서)', '그 곱고 밝은 빛으로 / 어디라도 골고루 살펴주는 / 당신이고 싶다.('해살 퍼지면」중에서)' 또는 '철없던 시절 / 그렇게 싫어했던 음성 / 쟁쟁하게 남았기에 / 귀청 떨어져도 애타도록 듣고 싶다('소리가 그립다」중에서)'는 등의 어조에서 그의 간구는 절정에 이르고 있다.

열에 못 이겨
나무 터지는 소리
옹이 타는 내음

몸에 스멀스멀 스며들어
나를 태운다

타고 남은 불꽃 자지러들면
한 줌 재마저도 남기지 않은
한 줄기 가느다란 연기로
자유로운 영혼이고 싶다.

　　　　　－「장작長斫 타는 계절」 중에서

발가벗고 남은 앙상한 가지
눈에 설고
성기고 가늘게 내리는 눈발
마음만 허허롭다

계절이 바뀌면
반복되는 아픔이
언제나 처음인 듯 생경스러워
눈에 익숙했던 그 자리로
찾아가고 싶다.

　　　　　－「일상日常으로」 중에서

　보라. 임길성 시인의 간구는 우선 '나를 태'우면서 불꽃이 사그라지면 '한 줌 재'도 남기지 않은 채 '한 줄기 가느다란 연기로 / 자유로운 영혼이고 싶다.'는 영혼의 자유로움을 갈구(渴求)하고 있다.

또한 그는 '마음만 허허롭다'는 전제 아래 일상에서도 생경했던 '눈에 익숙했던 그 자리로 / 찾아가고 싶다.'는 일상의 '그 자리'를 찾아가려는 심중(心中)의 자아(自我)를 인식하는 과정이라고 할 수 있을 것이다. 그는 처음부터 '낯선 길 가다가 두려워 지면 / 돌아가고 싶다'라는 허허로운 마음과 내려앉은 마음의 향방(向方)을 예측하는 예비적인 심저(心底)의 한 단면임을 이해하게 된다.

그는 '길게 뻗은 그림자 사이로 / 햇살은 자꾸 멀어져 가도 / 아직 난 불타는 뜨거움으로 남아 / 그 그늘 밑에 머물고 싶다.(「만추」 중에서)' 또는 '나에게 와 머물기 전 / 그 짜릿함 못 이겨 / 사뿐사뿐 다가가 / 그리움으로 남고 싶다.(「기다리는 시간」 중에서)'라는 어조와 같이 그의 내면에는 뜨거움과 그리움의 메시지로 승화하고 있다.

이러한 그의 기원은 단순한 욕구 충족의 여념도 있겠지만 시적 상황 설정과 전개에서 감지할 수 있는 것은 그의 자존(自存-self-respect)에서 생성한 인본주의(humanism)의 실현이나 상생(相生)의 현실적인 시혼(詩魂)이 투영된 그의 진정한 시학임을 알 수 있다.

3. 그리움의 진원지와 사랑학

한편 임길성 시인은 그리움의 시적 정황에 익숙해져 있

다. 이 그리움의 미학은 그의 심성(心性) 내부에 깊이 잠재한 심리적인 감수성의 매개인 사랑이라는 진원지를 탐색할 필요가 있다.

그는 이 사랑이라는 진정성을 담보해서 유형화하는 그의 정신세계를 감응하게 되는데 이러한 그리움의 분화는 대체로 사모(思慕)하거나 그리워하는 대상인 첫사랑과 당신에 대한 연민(憐憫)의 사랑이 주종(主從)을 이루면서 서정적인 메시지를 제시하는 특징을 읽을 수가 있다.

언제나 안개다

비원 안 옥류정 옆 벤취, 빈자리
아직도 두 눈 가득
그림으로 떠오르는 모습

짧은 만남 아쉬워
헤어지는 순간
짠한 마음에
안타까움만 더 하던 시절

잊은 줄 알았지만
기억 한 모퉁이에 남아
가끔 떠오르면
가슴 아리다.
　　　　－「그리움」 전문

임길성 시인에게서 지금도 가슴 아리게 '가끔 떠오르는 것'은 '짧은 만남 아쉬워 헤어지는 순간 / 짠한 마음에 / 안타까움만 더 하던 시절' 그 모습의 재생이다. 그러나 '잊은 줄 알지만 / 기억 한 모퉁이에 남아' 있는 어떤 불분명의 대상이 있다. 이러한 상상력에서 창출된 이미지는 불망(不忘)의 대상이 지금까지 시적으로 형상화하는 '그리움'의 원류가 '안개'로 남아 있다.

거리는 비가 흐르고
시간은 쏜살같이 달린다

버스는 오고 가도
헤어져야 할 연인은
떨어짐이 못내 아쉬워
어쩔 줄 모른다

희뿌연 창을 연신 닦으며
손 흔들고 안타까운 눈빛 날려도
떠나는 차 뒤꽁무니에
빗줄기만 그악스럽게 울고 있다

내일 다시 만나는 그 짧은 시간까지도
그리움에 겨워
아쉬움은
빗발 같은 추억으로 남는다

―떨어져 있어도 보고 싶은 마음으로
가득한 것이 사랑이었음을.
　　　　　　　　―「정류장에서」 중에서

　이 작품에서도 그가 결론으로 적시한 '떨어져 있어도 보고 싶은 마음으로 / 가득한 것이 사랑이었음을.' 인지하면서 '빗발 같은 추억'을 아쉬워하고 있는 것이다. 특이한 점은 작품 중에서 '버스는 오고 가도 / 헤어져야 할 연인은 / 떨어짐이 못내 아쉬워 / 어쩔 줄 모른다'는 상황과 어조에서 '연인'이란 시적 대상이 확인되고 있다는 것에 우리는 유념하게 된다.

멀어져 가는 그대
두 팔 벌려 가슴 가득 보듬어도
잊지 못한 당신 생각에
수많은 시간 함께한 바다는
밤새 멍이 들도록 아픈 가슴 때린다

캄캄한 밤 쏟아지는 별들
수평선 끝에 머물면
못다한 안타까움에 당신은
가슴 저미는 그리움으로
나와 하늘을 만난다.
　　　　　　　　―「그리움, 바다에 묻다」 중에서

임길성 시인은 이제 그 그리움의 대상이 '당신'이라는 구체적인 화자가 적시되고 있다. 이는 '당신을 향한 내 사랑'이라는 어조에서 명징(明澄)하게 현현되고 있듯이 그의 사랑학에는 '잊지 못한 당신 생각에 / 수많은 시간 함께한 바다는 / 밤새 멍이 들도록 아픈 가슴 때린다'거나 '못다한 안타까움에 당신은 / 가슴 저미는 그리움으로 / 나와 하늘을 만난다.'는 미련(未練)의 어조가 공감을 흡인하고 있다.

이와 같은 '그리움'의 언어는 '오늘 문득 그 손이 떠오른다 / 말갛게 바라보던 해맑은 눈동자까지 / 그 때 전달되던 그 전율, 그리움 // 흔적으로라도 남아 있기를 / 살그머니 잡았던 손 펴자, 아직도 / 작은 따스함이 수줍게 웃는다.(「겨울, 잃어버린 장갑」 중에서)'는 그의 순정이 메아리의 여운으로 흐르고 있다.

또한 '만나던 곳 그 자리 / 헤어져 돌아서면 아쉬움 / 손으로 문질러도 그리움만 베어 나와 / 아직도 그 흔적 또렷이 남아 있다(「첫사랑」 중에서)'거나 '겨우 피어 살아 숨 쉬는 꽃봉오리 / 여니 봄꽃 같지 않아 / 나무는 첫사랑 같은 몸살을 앓고 / 죽음보다 강한 희망으로 / 새싹 키우는 봄 // 아직도 봄은 그리움으로만 남는다. (「목련이 피면」 중에서)'는 아쉬움이 '첫사랑의' 시미학(詩美學)으로 형상화하고 있다.

한편 그의 그리움에는 '그 옛날 어머니 손길이 그립다(「가마솥이 그립다」 중에서)'거나 '아들 그림자가 언듯 스친다(「찾습니다」 중에서)' 또는 '가끔은 / 꿈에라도 다녀와야 / 아픔 잊는다(「고향은」 중에서)'는 어조와 같이 그의 시적 그리움은 어머나와 아들 그리고 고향에까지 재생된 이미지를 환원(還元)하고 있는 것이다.

4. 계절의 서정시학과 시적 진실

임길성 시인에게 내재된 시적 창조의 지향점은 일상과 주변에서 생성하는 보편적인 사물이나 생활에서 창출하는 이미지가 많다는 것을 읽을 수 있다. 그것이 바로 계절적인 시간성의 융합으로 발현하고 있다.

이 계절의 변화는 만유(萬有)의 자연 현상을 변환시키는 매체가 되면서 우리들 인간의 사유에 상당한 영향을 끼치게 하는데 이는 사계절이 제공하는 이미지가 삶(인생)과 무관할 수가 없다는 점이 시적 정점으로 현현되고 있다.

아지랑이 일렁이면
허리 펴는 소나무 소리에
나뭇가지들 녹색 꿈에 흠뻑 젖는다

겨우내 찌들은 꺼풀 벗는 바위
제 살 드러낼 때쯤
변덕스러운 바람 꽃샘추위 꼬드겨
잠시 짬도 주지 않고
봄을 시샘한다

투명한 하늘 틈 사이 구름타고
유채꽃 노란빛 번져오면
마음은 달떠 발만 동동 구르다가
커피 한 잔 나눌 틈도 없이 사라진다

정녕 봄이 왔다는데.

- 「봄이 스쳐가다」 전문

 이처럼 자연과 시간의 서정은 불가분(不可分)의 관계에 있지만, 자연의 순환과 섭리는 인간과 동시에 조응(調應)하는 춘하추동의 변환이 우리 인간들에게 제공하는 이미지는 다양하게 공통점을 갖게 한다.
 봄은 계절의 시작으로 만물이 소생하는 희망과 생명성이 빛나는 이미지 곧 새 생명의 탄생과 새로운 희망으로 살아가는 인생의 순력(巡歷)과 동일한 정감(情感)으로 나타나고 있어서 시인들이 탐색하는 궁극적인 시 정신이나 주제는 찬란하고 역동적(力動的)인 외적 응시(凝視)를 시적인 상황으로 설정하게 한다.
 임길성 시인도 이러한 봄의 이미지는 이러한 생명성 보다는 '투명한 하늘 틈 사이 구름타고 / 유채꽃 노란빛 번져오면 / 마음은 달떠 발만 동동 구르다가 / 커피 한 잔 나눌 틈도 없이 사라진다'는 어조와 같이 약간 어눌한 메시지가 현현되어 봄의 향연이 시작되기도 전에 다른 계절로 옮겨가는 아쉬움만 남았다.

꽃과의 이별의식인가
날갯짓에 순간순간
안쓰러움이 묻어난다

경중경중 뛰는 빗줄기에
진한 향마저 내준 꽃잎
속내 가득 숨겨둔 사랑 들킬까
바들바들 떨고 있다.

-「6월에」 중에서

이 '6월에'에서도 마찬가지의 상념(想念)이 지워지지 않고 있는데 '꽃과의 이별의식'과 같이 '순간순간 / 안쓰러움'이 내재되어 있어서 어쩐지 내밀(內密)한 언어로 표현하는 불안감('속내 가득 숨겨둔 사랑 들킬까 / 바들바들 떨고 있다.')이나 부조리의 현실적 상황이 가미(加味)된 심리적인 현상이라고 할 수 있다.

둥지 잃은 잎새
자유로운 철새들의
군무를 닮으려는가
높이 솟구쳤다 지평선 끝자락
불타오르는 노을에 몸을 사른다

가을은 더욱 허허로운데
슬픈 낙엽의 속내 알길 없어
낙하가 두려운 단풍 하늘을 맴돈다

　　　　　　　-「가을이 가고 있다」중에서

한 겨울 아직도 먼데
햇살은 왜 이리 차가울까
바람 사이로 빛이 흐른다

찬비 내려 얼어붙은 대지
아주 미세한 모공 까지도 활짝 열어
해바라기 하려는데
빛은 계면쩍게도 오는 둥 마는 둥
슬그머니 멈추었다

　　　　　　　-「겨울 햇볕은」중에서

 여기 가을과 겨울에 관한 그의 착목(着目)은 '둥지 잃은 잎새'와 '슬픈 낙엽' 그리고 '낙하가 두려운 단풍'이며 '찬비 내려 얼어붙은 대지'와 '한 겨울 햇살'이다. 그의 시각이 멈춘 곳에서 생성하는 이미지는 가을과 겨울이 동시에 슬프거나 얼어붙어 있어서 암울(暗鬱)의 상념을 벗어나지 못하고 있다.

그가 '가을은 더욱 허허롭다'거나 '빛은 계면쩍게도 오는 둥 마는 둥 / 슬그머니 멈추는' 형상들이 고독을 경계하거나 한생을 마무리하는 와중(渦中)에서도 작은 희망을 염원하는 서정적 지향점을 이해하게 된다.

이 밖에도 '하르르 날리는 꽃잎 / 두 손 벌려 잡으려다가 우는 바람결에 / 짜르르 전해 오는 계곡, 묵언의 눈빛(「봄, 떠나보내다」 중에서)'이거나 '한 눈 파는 사이 늦어버린 조바심에 / 나무 꼭대기 초록색 잎 하나 / 탈색을 예비하는지 가늘게 떨고 있다.(「단풍에 대하여」 중에서)' 그리고 '어디에 있었던가 / 이제야 비로소 잊혀졌던 그리움이 / 물밀듯이 빈곳으로 스며든다(「겨울나무」 중에서)'는 어조는 바로 그가 착목한 계절의 이미지나 상징이 묵언이나 '가늘게 떨고' 있거나 빈곳으로 스미는 심리적인 안정을 탐색하는 그의 진실이다.

5. 의문형 화법(話法)에 대한 가능성

임길성 시인의 시법에는 기승전결(起承轉結)의 문장 형식에서 흔히 대할 수 있는 상황 도입과 설정(起)에서 의문형으로 문제를 제기하거나 시적 정황을 먼저 설정하는 특징을 읽을 수 있다. 이러한 시법은 상당한 설득력을 가미하는 효과를 거둘 수가 있으나 남용(濫用)하게 되면 강조의 성격을 벗어나 오히려 문장의 긴장감을 조성하는 역효과도 한번 고려해야 할 것이다.

그는 대체로 다음과 같이 도입 부분에서 의문형 화법으

로 작품을 시작하고 있다.

　-160km를 도도히 흐르는 물줄기는 / 강인가 바다였던가.(「황포강가에서」 중에서)
　-건조한 공간, 살아 움직이는 바람은 / 어디서 오는 걸까(「작은아이 돌아오다」 중에서)
　-곰이 우리에서 탈출했다 / 제가 살던 곳이 그리워서일까 / 세간의 관심은 끌려고 그랬을까 (「일탈을 꿈꾸던 날에」 중에서)
　-깨달음이란 비틀어지는 것이다 아니, / 비틀어졌기에 깨달은 것일까(「소나무 이야기」 중에서)
　-어제 밤 달빛에 젖은 포구 / 어디로 갔나 (「포구에서」 중에서)
　-밤새 땅 구르는 소리에 / 뒤척이다가 / 선잠 속 당신과 만나 / 깊은 잠 속 빠졌는가(「혼자 잠이 들면」 중에서)
　-무너진 섶다리 너머 끊어진 줄 끝 / 흔들리는 한가로운 배, 여기 / 어디쯤인가 (「한낮, 평창강에서」 중에서)
　- 떨어지는 아픔은 진행형일까(「꽃, 아프다」 중에서)

　이러한 화법은 도입부에서 먼저 의문을 제기한 후에 형식에 따라서 해법을 찾아 나가는 순서로 결론(結論)을 도출하는 문장법의 하나이며 수사법일 수도 있다. 임길성 시인은 이처럼 화자가 의문형으로 작품의 상황을 설정하고 거기에 따른 상황의 전개는 그가 평소에 간직한 시정신이나 시혼을 자유롭게 진행하는 특징은 우리들의 공감을 흡인하는 충분한 설득력을 제공하고 있다.

다음은 작품 중간 부분이나 말미(末尾)에서 의문형 문장으로 강조하면서 결론을 정리하는 시법도 이목을 집중시키고 있다.

－끝없이 이어지는 올리브 나무 가득한 시골 / 시집 갈 처녀가 살고 있는 집 / 지붕 위 병 들은 언제 쯤 깨질까(「에페소를 향하며」 중에서)
－호흡이 거칠어 심장이 터질 것 같아 / 몸부림치다가 물 밖으로 튕겨져 나왔다 순간, / 이제야 정말 탈출한 것인가 (「언제나 갇혀 있다」 중에서)
－속 깊은 바다울음 얼마나 알까(「겨울바다에 서다」 중에서)
－계절은 / 술래 찾으러 길 떠나는데 / 언제쯤이나 상큼한 얼굴 볼 수 있을까 (「계절, 길 잃다」 중에서)
－마음속 움켜쥐고 갈 따뜻함은 / 어디 한 움큼이나 될까(「겨우살이」 중에서)

임길성 시인의 착목에는 항상 미지에 대한 해답을 탐색하고 있다. 이것이 그의 습관적일 수도 있겠지만, 어쩌면 오직 사물이나 내적 관념에서 생성하는 그의 철저한 심리적인 분화(分化)로써 의문형의 시법을 선호하는 경향이 짙어 보인다.

그는 지금까지 삶에 대한 기원과 존재를 인식하는 존재론적인 시혼을 적시하고 거기에 부수하는 인간의 기본적인 애환의 한 부분으로서 그리움의 진원지를 찾는 그의 순정적인 이미지가 바로 서정시학으로 연결하는 시법을 이해할 수 있었다.

  그러나 그는 시 한 편의 창작을 위해서 다양한 고뇌와 갈등들을 접하게 된다. 때로는 자괴감(自愧感)에 젖기도 하면서 시와 인간의 문제, 자연의 문제를 심도(深度)있게 천착하는 진실의 창조에 열정을 투여(投與)하는 정감을 엿보게 한다.

  글 한 줄 쓰려 머리 싸매고
  실랑이 하다가
  설핏 잠든 날

  꿈속에서
  사전 속 낱말 흩어 놓고
  밤새 퍼즐놀이에
  꿰맞추지도 못한 채
  머리 속만 하얗게 바랬다

  얼기설기 엮은 글
  시들시들 생명력 잃어
  헛된 꿈만 꾸는가

  소중한 것 아끼지 못한 나는
  오늘도 나쁜 놈이다.
                          –「언어 희롱」 전문

이 작품에서 알 수 있듯이 그는 '얼기설기 엮은 글 / 시들시들 생명력 잃어 / 헛된 꿈만 꾸는가'라는 고뇌가 바로 '언어 희롱'이나 하고 있는 게 아닌지 하는 의문이 그에게 상존하고 있다.

그는 이러한 의문이 현실이나 그의 상상력에서 명민(明敏)한 해법을 찾아내고 그의 내면의식과 조화를 이룰 때 그의 시정신은 더욱 대범(大凡)하게 승화할 것으로 기대한다.

일찍이 누군가 시는 근본적인 언어의 방법이라고 했다. 그것에 의해 시인은 그의 사상과 정서는 물론 그의 직각적인 메카니즘을 포착하고 기록할 수 있다는 논지이다. 그리고 T.S. 엘리엇은 '시는 오직 인간의 능력을 발양(發揚)하기 위해서 우주를 비감성화 시킨 것'이라는 결론을 우리들은 유념할 필요가 있을 것이다.

떨림으로 머무는 곳

지은이 | 임길성
발행인 | 임수홍
편 집 | 맹신형
디자인 | 안성훈

초판 인쇄 2014년 10월 13일
초판 발행 2014년 10월 16일

펴낸곳 | 도서출판 국보
주 소 | 서울시 강동구 양재대로114길 32 2층
전 화 | 02-476-2757 / 476-7260
팩 스 | 02-476-2759
이메일 | kbmh11@hanmail.net
홈페이지 | http://cafe.daum.net/lsh19577

값 10,000원
ISBN 978-89-93533-86-6

· 저자와의 협약에 의해 인지는 생략합니다.
· 이 시집의 글과 사진은 저작권법에 따라 보호를 받는 저작물이므로 저자와 출판사의 동의 없이는 무단 전재 및 무단 복제를 금합니다.

「이 도서의 국립중앙도서관 출판예정도서목록(CIP)은 서지정보유통지원시스템 홈페이지(http://seoji.nl.go.kr)와 국가자료공동목록시스템(http://www.nl.go.kr/kolisnet)에서 이용하실 수 있습니다.(CIP제어번호: CIP2014028969)」

잘못 만들어진 책은 바꾸어 드립니다.